kurfürstlich und königlich sächsische Infanterie (II)

Die Fahnen

der

Linien-Infanterie-Regimenter

1802 - 1810

Jörg Titze

Beiträge zur sächsischen Militärgeschichte zwischen 1793 und 1815

Heft 33

Abb.01   Leibfahne Regiment Prinz Maximilian Vorderseite (Foto MHM Dresden)

Die

kurfürstlich und königlich sächsische Infanterie (II)

Die Fahnen

der

Linien-Infanterie-Regimenter

1802 -1810

Bibliographische Information der Deutschen Biliothek

Die Deutsche Bibliothek verzeichnet diese Publikation in der Deutschen Nationalbibliographie; detaillierte bibliographische Daten sind im Internet über http://dnb.ddb.de abrufbar.

Die Deutsche Bibliothek – CIP – Einheitsaufnahme

Jörg Titze

Die kurfürstlich und königlich sächsische Infanterie (II): Die Fahnen der Linien-Infanterie-Regimenter 1802 – 1810

ISBN 978-3-7347-8763-8

© 2015 Jörg Titze

Herstellung und Verlag:

BoD - Books on Demand, Norderstedt, 2015

Inhaltsverzeichnis

		Seite
1.	**Einleitung**	**7**
2.	**Quellenlage**	**9**
2.1	Originalstücke	9
2.2	Die Akten im Hauptstaatsarchiv Dresden	9
2.3	Bildliche Darstellungen	10
2.3.1	Militärhistorisches Museum Dresden	10
2.3.2	Hottenroth	10
2.4	Literatur	10
2.4.1	Hottenroth	10
2.4.2	Gräfe	10
3.	**Die Fahnen**	**11**
3.1	Das Aussehen	11
3.2	Die Farben	12
3.3	Die Maße	14
3.4	Die Materialien	18
3.5	Besonderheiten und Abweichungen	20
3.5.1	Laufrichtung der Bordüren	20
3.5.2	Nagelung	22
3.6	Der Platz der Fahnen in den Bataillonen	24
3.7	Das Prozedere der Fahnenverleihung	26
4.	**Die Fahnenverluste 1806**	**28**
5.	**Die Ausgabe von Ersatzfahnen in den Jahren 1807 und 1808**	**34**
6.	**Quellen**	**35**
6.1	Literatur	35
6.2	Abbildungen	35

7. Anlagen 37

01 Auszug aus dem Dienstreglement der Infanterie von 1753, die Zeremonien mit den Fahnen betreffend

02 Lieferschein zu zwei neuen Fahne des Regiments Xaver 1802

03 Aufforderung des Generals von Cerrini über die baldige Verpflichtung zu den 1807 an das Regiment Low gegebenen Fahnen

04 Verpflichtungsprotokoll auf die neue Fahne des I. Bataillons Low vom 28.03.1807

05 Bericht des Majors Vogel (Regiment Thümmel) über die Verluste der Fahnen in der Schlacht vom 14.10.1806

06 Auszug aus dem Exerzierreglement für die Infanterie von 1804, die Handgriffe mit der Fahne betreffend

07 Gesang der Churnsächsischen Armee als sie im Monat September 1802 im Lager bei Tolkewitz neue Fahnen erhielt.

08 Die Adaptierung von Fahnen M 1802 auf M 1807/11

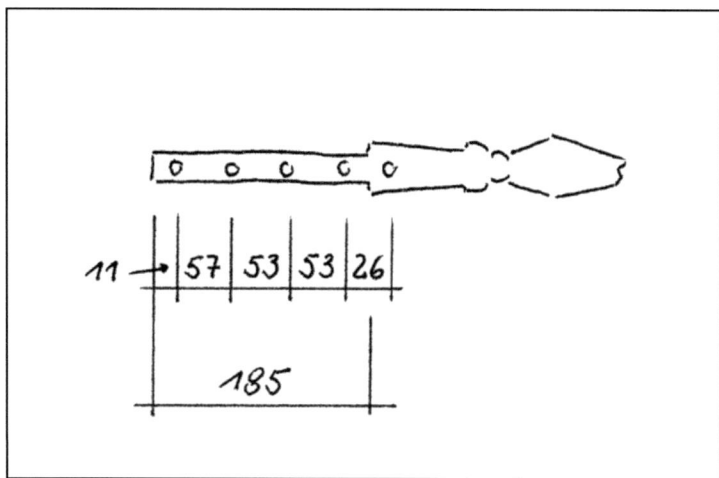

Abb. 02   Nagelung Fahnenspitze

1. Einleitung

Eine eingehendere Beschäftigung mit den sächsischen Infanterie-Fahnen M 1802 außerhalb des Hottenroth'schen Werkes ist ohne die Unterstützung und Mithilfe der entsprechenden Mitarbeiter des Militärhistorischen Museums Dresden nicht möglich.

Deshalb war es mir eine ausgesprochene Freude in den Herren Dr. Gerhard Bauer und Norbert Lasse – durch die dankenswerte Vermittlung von Herrn Dr. Gunter Janoschke – genau Diejenigen gefunden zu haben, die diese Unterstützung und Hilfe gewähren konnten und bereitwilligst gewährt haben.

Neben der Möglichkeit, eine Fahne im Original in Augenschein zu nehmen, zu fotografieren und zu vermessen wurden mir die Bilder der im Depot befindlichen weiteren Fahnen überlassen.

Ohne diese Unterstützung, Mithilfe und Vermittlung wäre die nachfolgende Arbeit nicht im vorliegenden Maße möglich gewesen. Hierfür meinen herzlichsten Dank.

Die Quellenlage zu den sächsischen Infanterie-Fahnen M 1802 ist noch dünner als die zu den Fahnen M 1807/11.

Unstreitig ist das Hottenroth'sche Werk das Ergiebigste und Wichtigste, aber auch das Einzige, welches sich mit diesen Fahnen befasst. Es enthält einige nicht fundiert auflösbare Widersprüche, wie den Verbleib der Bataillonsfahne des Regiments Niesemeuschel.

Ein Gegenwerk – wie das Hekkel'sche zur russischen Fahnenbeute von 1812/13 – gibt es von französische Seite für die Fahnenbeute von 1806 nicht, was wohl dem Mangel an Originalstücken geschuldet ist[1].

Sollte es jedoch solche, mir entgangene, Quellen geben, bin ich für jede Information zutiefst dankbar.

Das Hauptstaatsarchiv Dresden hat für die Fahnen M 1802 eine Reihe von interessanten Akten im Bestand. Hierfür wieder meinen herzlichsten Dank für die gewohnt problemlose Bereitstellung von Akten und Kopien.

Nicht geklärt werden konnte die Frage, welche Ersatzfahnen die Regimenter, die 1806 ihre Fahnen verloren hatten, in den Jahren 1807 und 1808 erhielten. Auf die möglichen Fahnenmodelle wird aber eingegangen.

Ergänzt wird die Arbeit durch Ausführungen zu den mit einer Fahnenverleihung einher gehenden Zeremonien und Verwaltungsakten.

---

[1] Bei Annäherung der Alliierten an Paris sollen 1814 die Beutefahnen entweder verbrannt oder in der Seine versenkt worden sein.

Auch die Stellung der Fahne im Bataillon und die Handgriffe mit der Fahne werden erläutert.

Die Noten zu dem in Anlage 7 wiedergegebenen Gesang der Kursächsischen Armee hat dankenswerter Weise mein Sohn, Thoralf Titze, in heutige Notenschrift übertragen.

Sprotta-Siedlung im April 2015

Abb. 03   Leibfahne Regiment Prinz Anton (Foto MHM Dresden)

2. Die Quellenlage

2.1 Originalstücke

Im Militärhistorischen Museum der Bundeswehr befinden sich gem. Verzeichnis im Fundus folgende Linien-Infanterie-Fahnen[2]:

Regiment	Fahne
Churfürst	Leibfahne
Sänger	Leibfahne
Maximilian	Leibfahne und Ordinärfahne
Friedrich	Leibfahne
Anton	Leibfahne und Ordinärfahne
Clemens	Ordinärfahne
Xaver	Ordinärfahne

Die Ordinärfahne des Regiments Prinz Clemens konnte ich physisch in Augenschein nehmen.

2.2 Die Akten im HStA Dresden

Im Bestand des Hauptstaatsarchivs befinden sich an Akten, die sich direkt mit den Fahnen M 1802 beschäftigen, folgende:

<u>Bestand 11326</u>   Kriegsgerichte der Infanterie-Formationen

No. 1328   Protokoll über die Verpflichtung des Regiments Xaver zu den in Tolkewitz erhaltenen Fahnen 1802

No. 0476   Protokoll über die Verpflichtung des Regiments v.Low zu den im Jahre 1807 erhaltenen Fahnen

Diese Akten geben Details über die Verpflichtung zu den Fahnen nebst detaillierter Namenslisten der Verpflichteten. Einzelheiten zu den Fahnen geben diese Akten nicht.

<u>Bestand 12884</u>   Karten und Risse

Schr 7 F090 Nr. 003   Entwürfe zu den Fahnen der Infanterie 1802

Diese Akte enthält die Entwürfe des Premierleutnants Malherbe zu den Infanteriefahnen M 1802[3].

Die Bestände <u>11269 Hauptzeughaus</u> und <u>11340 Infanterieformationen</u> geben keine Akten, die sich mit den Fahnen beschäftigen.

---

[2] Weiterhin befindet sich im Bestand die Ordinärfahne der Leib-Grenadier-Garde.

[3] Die Entwürfe stellen ein ca. DIN A2 großes Blatt dar, auf dem die Vorderseite der Leibfahne der Leib-Grenadier-Garde und die Rückseite einer Ordinärfahne als Beispiele nebst Bemaßung und Bordüren der anderen Regimenter farbig dargestellt sind. (sh. Abb. 33 und 34)

<u>Bestand 10026</u>   Geheimes Kabinett

Loc 01056/01   Campements der Armee

Die Akten beschäftigen sich fast ausschließlich mit der Versorgung. Es befindet sich darin aber auch der Gesang der Armee bei Verleihung der neuen Fahnen.

<u>Bestand 11248</u>   sächsisches Kriegsministerium

No. 4443   Beschaffung und Verbleib von Fahnen … 1752 – 1828

Diese, 1896 angefertigte Akte, enthält die Zusammenfassung relevanter Befehle und ist zum Großteil im Hottenroth verarbeitet worden.

2.3 Bildliche Darstellungen

2.3.1 Militärhistorisches Museum Dresden

Von den im MHM Dresden befindlichen Originalen (sh. Punkt 2.1) sind mir die angefertigten Fotos[4] zugänglich gemacht worden.

2.3.2 Hottenroth

Hottenroth zeigt in Tafelteil seines Werkes die Zeichnung der Ordinärfahne des Regiment Prinz Maximilian im Maßstab 1:10. Die Zeichnung entspricht nicht vollkommen dem Original.

2.4 Literatur[5]

2.4.1 Hottenroth

Das Standardwerk zu den sächsischen Feldzeichen. Ohne Herrn Hottenroth wären wir heute nicht so umfassend über die sächsischen Fahnen in dieser Epoche informiert.

Wie bei jedem multiperiodalen Standardwerk sind in einigen Details Korrekturen notwendig, was aber die Bedeutung dieses Werkes in keinster Weise schmälert.

2.4.2 Gräfe

Wie der Untertitel des Werkes ankündigt, ist dieses Werk eine multiperiodale Bestandsaufnahme, die nur wenig erhellendes zum Thema beiträgt. Auf den Seiten 83/84 gibt Herr Lasse (MHM Dresden) Auskunft über die im MHM Dresden befindlichen Fahnen der kurfürstlichen Zeit.

---

[4] Einige dieser Fotos sind nach dem Aufdruck auf der Rückseite 1998 angefertigt worden. Der andere Teil der Fotos trägt kein Datum.

[5] Leider gibt es für 1806 kein analoges französisches Werk zu Heckels Fahnenbeute 1812/13. Auch eine eventuelle Erhaltung der erbeuteten Fahnen ist nicht nachweisbar bzw. hat keine aktenkundigen Spuren hinterlassen.

3. Die Fahnen

3.1 Das Aussehen

Mit Reskript vom 22.08.1801 wurde die Ausstattung der 12 Linien-Infanterie-Regimenter mit neuen Fahnen anbefohlen. Diese Anschaffung machte sich notwendig, da die im Jahre 1785 an die Infanterie ausgegebenen gemalten Fahnen, sich als nicht dauerhaft genug erwiesen hatten. Die neuen Fahnen waren daher wieder gestickt bzw. mit Applikationen besetzt.

Jedes Regiment führte zwei Fahnen, eine Leib- und eine Bataillons-Fahne. Das Fahnentuch der Leibfahne war von weißem Taffet, das der Bataillonsfahne von farbigen Taffet[6] nach der Doblüre (=Aufschlagfarbe) des jeweiligen Regiments.

Das **Fahnentuch** war nach Hottenroth 2 Ellen 18 Zoll (rund 1,55m[7]) lang (mit Stangenumschlag[8]) und 2 Ellen 13 Zoll (rund 1,44m) hoch. Das Fahnenblatt der Bataillonsfahne Anton ist 1,40 m lang und 1,40 m hoch.

Auf der **Vorderseite** (Tuch rechts, Stange links) befand sich das kursächsische Wappen (längsgeteiltes ovales Wappenschild: rechts 5 goldene und 5 schwarze Querbalken mit dem grünen Rautenkranz, links das Kurwappen mit den beiden roten Schwertern auf schwarz-weißem Schild). Das Wappen befand sich auf einem Schild und dieses auf einem, mit dem Kurhut gekrönten Hermelinmantel. Das Wappen war umwunden vom blauen Band des königlich polnischen weißen Adler-Ordens. Unter diesem war das Ordenskreuz des Militär-St.-Heinrichs-Ordens am hellblau-gelben Bande angebracht.

Auf der **Rückseite** (Tuch links, Stange rechts) befand sich der goldene Namenszug FA auf einem, mit dem Kurhut gekrönten ovalen Schild (weiß mit goldener Umrandung). Umgeben ist dieses Schild von grün schattierten Eichen-, Stechpalmen- und Lorbeer-Blättern mit roten Früchten und braunem Stil. Unter dem Schild befindet sich der polnische weiße Adler-Orden am blauen Band und darunter wieder das Kreuz des St.-Heinrichs-Orden an hellblau-gelben Bande. Dieses Band breitet sich in Wellen nach links und rechts aus.

An die **Stange** von Kiefernholz war das Fahnentuch mit 4 Reihen[9] vergoldeten bzw. versilberten (je nach der Knopffarbe der Regimenter[10]) Nägeln angeschlagen. Alle – untereinander nur leicht versetzten – Nagelreihen waren mit rotem Gurtband unterlegt. Die Stange war unterhalb des Fahnentuchendes

---

[6] Einfarbiges, mit Seidenfäden gewebtes Tuch / heutige Bezeichnung u.a. Taffeta.
[7] Die sächsische Elle mit 56,6375 cm und der Zoll mit 2,3599 cm.
[8] Nach 11248/4443 war am 01.02.1802 die Größe des Fahnentuches **ohne** das zur Umwicklung der Stange notwendige Tuch mit 2 Ellen 13 Zoll (hoch) und 2Ellen 18 Zoll (breit) festgelegt worden mit
[9] Je Reihe 19 (Reihe unter Feder der Spitze) bzw. 21 Nägel
[10] Dies wurde bei den Fahnen M1807 so gehandhabt. Für die Fahnen M 1802 ist dies eine Annahme, die bisher nicht durch Akten o.ä. belegbar ist. Die Probestange für die Fahnen M 1802 wurde mit vergoldeten Eisennägeln gefertigt.

mit rotem Band umwickelt und wiederum mit 4 Nagelreihen[11] (spiralförmig umlaufend genagelt) befestigt.

Die Fahnenstange endet in einer vergoldeten **Spitze** mit zwei Federn. Die Spitzen waren mit 4 bzw. 5 Nägeln (jeweils 4 Stück auf den Federn und nur auf der Vorderseite 1 Stück auf der Tülle) befestigt.

Der Fahnenstange endet in einem vergoldeten **Fahnenschuh**.

Zur Unterscheidung der Regimenter war der Rand der Fahnentücher mit einer so genannten **Bordüre** (bestickte und/oder mit Rundschnur besetzte Seidenstreifen) versehen. Die Seidenstreifen waren von schwarzer (Regimenter Friedrich August und Low) bzw. weißer (restliche Regimenter) Farbe. Die Kanten der Fahnen waren mit Rundschnur eingefasst.

In den Ecken der Bordüren befanden sich kleine Schilder mit dem Chiffre ES (Electeur Saxoniae) und dem Kurwappen (gekreuzte rote Schwerter auf schwarz über weißem Schild). Auf der Vorderseite wie auf der Rückseite ist der Chiffre ES oben links und unten rechts, das Kurwappen unten links und ober rechts. Damit befand sich hinter einem Schild mit dem Chiffre ES immer ein Schild mit dem Kurwappen auf der Gegenseite.

3.2 Die Farben

Nach den Verfügungen sollten die Leibfahnen von weißem und die Ordinär-/Bataillonsfahnen von farbigem Taffet sein. Die Grundtücher für die einzelnen Fahnen waren demnach:

Regiment	Leibfahne	Ordinärfahne	Nägel
Churfürst	weiß	ponceau	gelb
Sänger	weiß	ponceau	weiß
Prinz Anton	weiß	dunkelblau	weiß
Prinz Clemens	weiß	dunkelblau	gelb
Prinz Maximilian	weiß	gelb	gelb
v.Nostitz / v.Thümmel	weiß	gelb	weiß
Prinz Friedrich August	weiß	grün	gelb
v.Low	weiß	grün	weiß
Prinz Xaver	weiß	hellblau	gelb
v.Ryssel	weiß	hellblau	weiß
v.Rechten	weiß	carmoisin	gelb
v.Niesemeuschel	weiß	carmoisin	weiß

---

[11] Die Anzahl der Nägel variierte stark. So beträgt der Nagelabstand bei der Ordinärfahne Anton knapp 70 mm bei einer Nagelanzahl von 18 Stück. Bei der Leibfahne beträgt der Abstand nur knapp 40 mm, was ungefähr 29 Nägeln entspricht.

Abb. 04/05   Ordinärfahnen Regimenter Xaver (o.) u. Max (u.) (Fotos MHM Dresden)

3.3 Die Maße

Es war mir die Möglichkeit gegeben, im Depot des MHM Dresden die Ordinärfahne der Regiments Prinz Clemens zu vermessen. Die Abnahme der Maße erfolgte mittels Zollstock, Bandmaß und Meßschieber. Die in den nachfolgenden Maßblätter aufgeführten Angaben beziehen sich daher nur auf die genannte Fahne.

Das Fahnenblatt dieser Fahne ist mit einem gitternetzartigen Stützgewebe überzogen worden, was auf den Detailfotos sichtbar wird. Hierzu musste die Fahne abgenagelt und wieder angeschlagen werden[12]. Bei dieser Gelegenheit wurden die Spitze und der Fahnenschuh angeschraubt und nicht genagelt. Ob bei dieser Gelegenheit die Fahnenstange bearbeitet (z.B. eingekürzt) wurde bzw. ob es sich überhaupt um die Originalstange handelt, lässt sich nicht feststellen. Es verwundert lediglich, dass das zur Unterlage unter die Nagelreihen und zur Umwicklung der Stange im Bereich der Handhabe dienende Gurtband zweifarbig und daher evtl. jüngeren Datums ist.

Ob und wenn ja inwieweit das Stützgewebe die Geometrie des Fahnenblattes beeinflusst hat, lässt sich nicht sagen. Ebenso unbekannt sind andere Einflussfaktoren wie Verhalten der verwendeten Stoffe[13], Ausstellungsart[14] und – dauer, sonstiger Gebrauch[15] etc. pp.

Auch darf in diesem Zusammenhang die Geschichte dieser Fahnen nicht vergessen werden. 1945 von den Russen mitgenommen[16], kamen sie als Rückgabe 1958 in den Bestand des Museums für deutsche Geschichte in Berlin. Im Dezember 1993 wurden sie dem MHM Dresden übergeben. Die Auswirkung von Transport und Lagerung wären zu berücksichtigen.

Die Angaben in den nachfolgenden Maßblättern sind in mm. Die als Grundlage für die Maßblätter dienenden Tafeln der Ordinärfahne Regiment Prinz Maximilian stammen aus dem Hottenroth.

---

[12] Die Fotos der Leibfahne Prinz Friedrich lassen nicht erkennen, ob auch diese mit einem Stützgewebe überzogen wurde. Sie scheint aber auch abgenagelt gewesen zu sein, da sie sich verkehrt herum an der Stange befindet.

[13] Das Einlaufen/ der Einsprung des Seidengewebes beträgt immer ein paar Prozent (für heutige Seidenstoffe gilt ein Satz von 1 – 3%). Dies zeigt sich u.a. dadurch, dass das Fahnentuch von der Stange kommend an der Stange nach außen zu halbrund einläuft.

[14] Die Spitze der Ordinärfahne Prinz Clemens weist eine erhebliche Korrosion auf, was auf ein längeres Hängen an einem Metallhaken schließen lässt. Auch weist die schräg ablaufende Oberkante der meisten Fahnen auf ein schräges Aufhängen hin.

[15] Gräfe zeigt ein Foto (S.81) eine Fahnengruppe der Reichswehr, die zum Heldengedenktag 1932 alte Fahnen vorführt. Kursächsische Fahnen sind explizit nicht zu erkennen, können aber bei ähnlichen Gelegenheiten durchaus öffentlich gezeigt worden sein.

[16] Ryssel (Leib), Rechten (Ordin.) und Niesemeuschel (Ordin.) sind auf M 1807/11 adaptiert 1823/1817/1818 an Schützengesellschaften ausgegeben worden (Hottenroth). Zum Verbleib der Fahnen Xaver (Leib), Rechten (Leib) und Sänger (Ordin.) fehlen entsprechende Informationen.

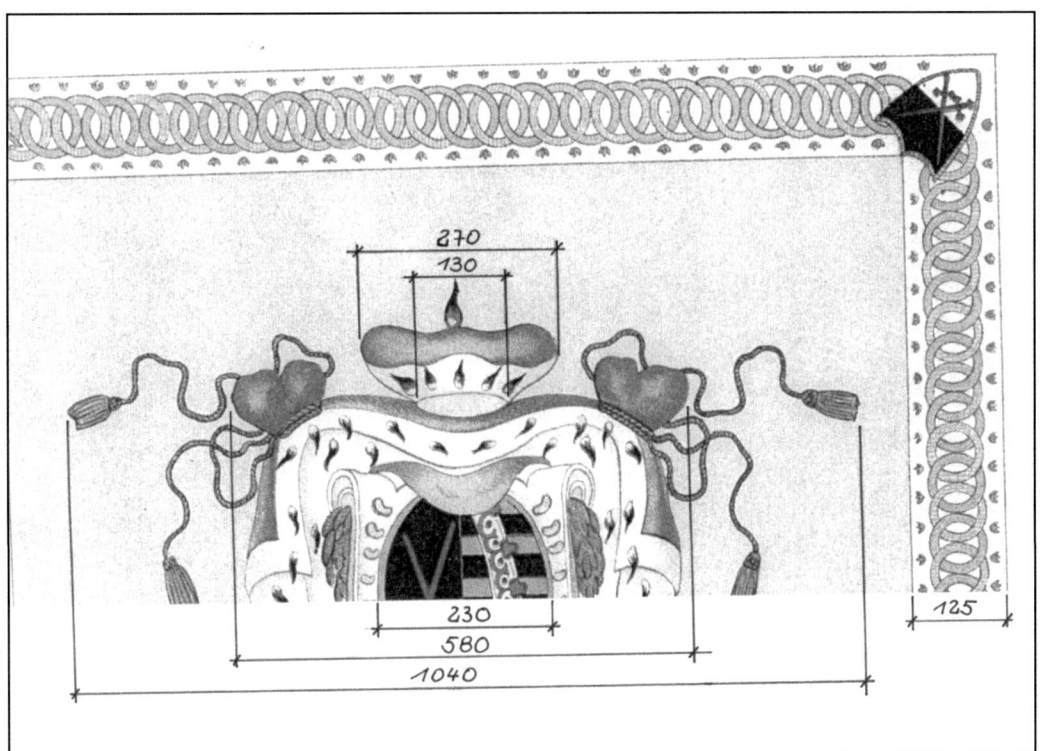

Abb. 06   Maßblatt Vorderseite 1

Abb. 07   Maßblatt Rückseite 1 (Korrektur: die Länge 1400 muss 1440 lauten.)

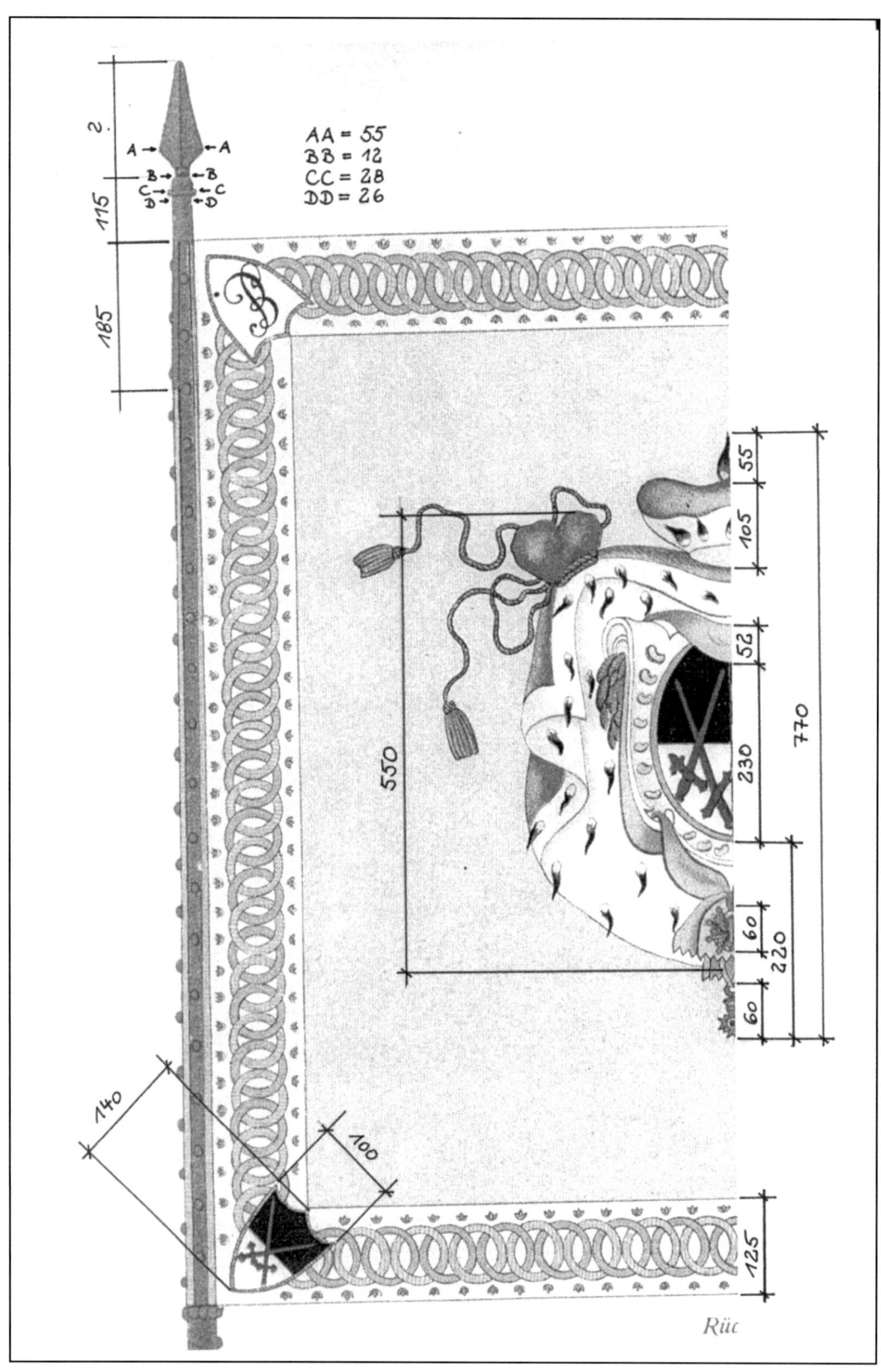

Abb. 08   Maßblatt Vorderseite 2

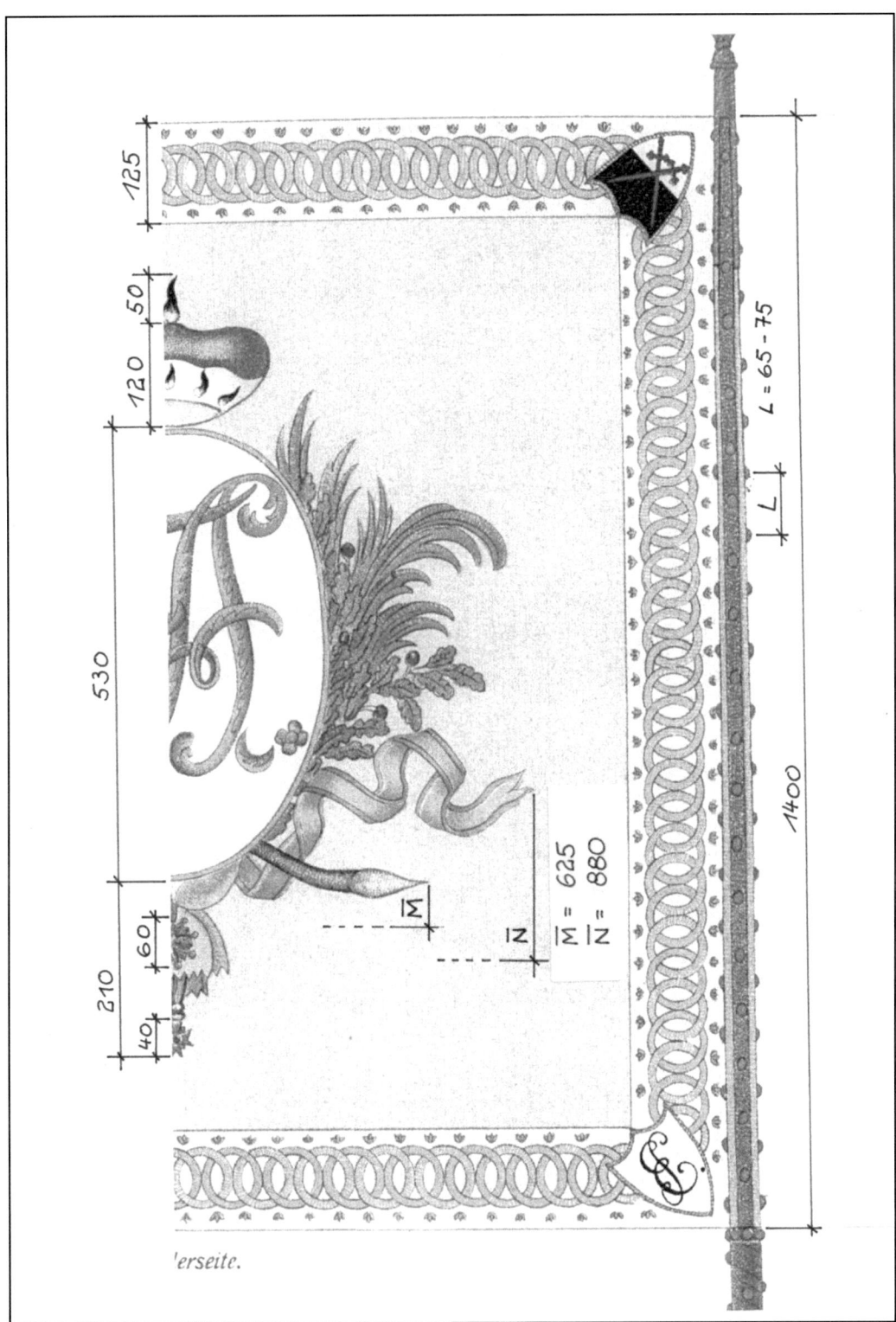

Abb. 09   Maßblatt Rückseite 2[17]

---

[17] Die Fahnen M 1802/1811 wogen 7 Pfund 4 Loth (3.330 g) nach den Unterlagen zur Beschaffung der Fahnen M 1822.

3.4 Die Materialien

Der Reskript zur Ausstattung der 12 Linien-Infanterie-Regimenter mit neuen Fahnen datiert auf den 22.08.1801, jenes für die Leib-Grenadier-Garde vom 01.10.1801. Der Generalmajor von Low (Generalinspekteur der Infanterie) und der General der Infanterie von Lindt (Chef der Leib-Grenadier-Garde) wurden aufgefordert, hierzu Zeichnungen und Kostenvoranschläge einzureichen. Die **Zeichnungen** fertigte der Premierleutnant Malherbe (Zeichen-Maitre an der Artillerieschule) an. Die allerhöchste Genehmigung dieser Zeichnungen erfolgte mit einigen Veränderungen.

Am 01.02.1802 wurde mit dem Dresdner Kaufmann Benjamin Gottfried Redlich ein Kontrakt über die Lieferung[18] von 446 ½ Ellen verschiedener **Taffets** abgeschlossen. Dabei handelte es sich im Einzelnen:

Mantuaer Taffet	182 Ellen	weiß und unappretiert (für alle Leibfahnen)
Französ. Taffet	28	ponceaurot[19] (Rechten und Niesemeuschel)
	28	karmoisinrot (Churfürst und Sänger)
	28	dunkelblau (Anton und Clemens)
	42	gelb (Leib-Grenadiere, Max, Thümmel)
	28	grün (Friedrich und Low)
	28	lichtblau (Xaver und Ryssel)
	60 ½	weiß (zu Bordüren ex Friedrich und Low)
	22	schwarz (zu Bordüren Friedrich und Low)

Taffetproben von allen Fahnen (Farben) wurden im Hauptzeughaus hinterlegt.

Die **Stickereien** wurden von Frederika Dorothea Winckler (Vertragsschluss am 01.02.1802) gefertigt. An Probestickereien wurden angefertigt und im Hauptzeughaus hinterlegt:
- Proben zu den 14 Bordüren
- Schild mit Kurschwertern und Schild mit Chiffre ES
- Militär-Sankt-Heinrichs-Oden (Vorder- und Rückseite)
- Granate für die Fahnen der Leib-Grenadier-Garde

Das Hauptzeughaus war für die 26 **Fahnenstangen** und die **Futterale** zuständig. Der Zeughauptmann Dietrich legte am 04.01.1802 seine Kostenberechnungen vor zu einer Fahnenstange (von Kiefernholz mit vergoldeter Spitze und Schuh, karmoisinroter Seidenbandumwicklung und 175 vergoldeten eisernen Nägeln) und einem Futteral (von schwarzem Wachstuch mit Spitze und Einfassung von rotem Leder und mit Leinwand gefüttert).

---

[18] Die Bestätigung der Stickerin über den Erhalt des Stoffes datiert vom 03.03.1802.
[19] Obwohl immer wieder erwähnt, waren die Tücher der Ordinärfahnen nicht genau nach der Doblüre des Regiments. Nach der Stamm- u. Rangliste hatten Churfürst/Sänger rot, Friedrich/Low hellgrün und Rechten/Niesemeuschel purpur.

[19]

Abb. 10/11 Leibfahne Regiment Prinz Friedrich (Fotos MHM Dresden)

Am 01.02.1802 wurde das Kriegszahlamt angewiesen folgende Gelder auf Abruf und zwar jeweils hälftig in bar und in Kassenbillets vorzuhalten:

341 Taler	5 Groschen	3 Pfennige	für den Stoff (Redlich)
1441	22	6	für die Stickerei (Winklerin)
347	18		für Stangen u. Futterale (HZH)

Am 24.09.1802 mussten 150 Taler 11 Groschen und 6 Pfennige (124 Taler 11 Groschen und 6 Pfennige für Probestickereien und Abänderungen – z.B.Anbrigen des Weißen Adler Ordens – sowie einer Gratifikation von 26 Talern für die Wincklerin) nachgeschossen werden.

Der Premierleutnant Malherbe erhielt eine Gratifikation von unbekannter Höhe.

3.5 Besonderheiten und Abweichungen

Im Grundaufbau der Fahnen haben sich keine Abweichungen feststellen lassen. Die Anordnungen der Applikationen Mittelteil Vorder- und Rückseite sowie der Eckschilder sind bei allen Fahnen gleich.

Besonderheiten und Abweichungen treten in folgenden Dingen auf:

3.5.1 Laufrichtung der Bordüren

Die Bordüren sind bei den Fahnen, die Bordürenmuster mit einer erkennbaren Laufrichtung haben (Friedrich, Anton und Clemens), nicht umlaufend.

In der Abbildung 12 wird die Laufrichtung dargestellt, soweit dies anhand der Fotos möglich war.

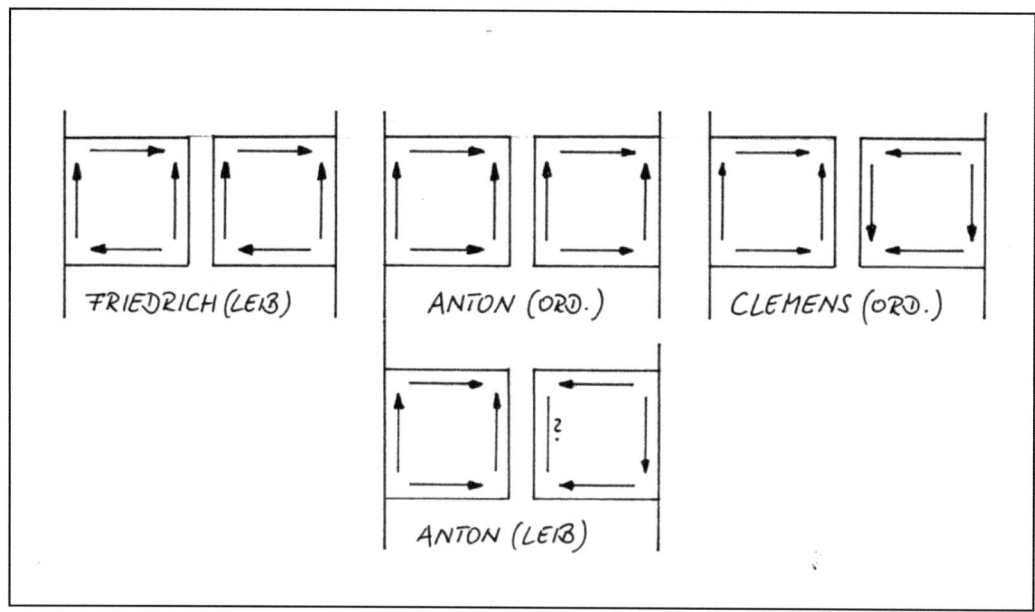

Abb. 12   Bordürenlaufrichtung bei den Fahnen der Regimenter Friedrich, Anton und Clemens (jeweils Vorder- und Rückseite).

Abb. 13/14   Leibfahnen Rgt.er Churfürst (u.) u. Sänger (o.) (Foto MHM Dresden)

Weiterhin ergibt eine Nachzählung der Musterabfolgen in den Bordüren (soweit nachzählbar) folgendes Bild:

Regiment	Fahne	Abfolgen hoch	Abfolgen breit
Anton	Ordinär	8	9
Anton	Leib	8	9
Clemens	Ordinär	8	9
Sänger	Leib	15	16
Max	Leib	14	15
Max	Ordinär	14	15

Dies lässt den Schluss zu, dass die Fahnentücher rechteckig und nicht quadratisch waren. Beim Nachmessen auf den hierfür geeigneten Fotos ergeben sich für die

Leibfahne	Max	1,40 m hoch	1,44 m breit
Leibfahne	Friedrich	1,40 m	1,44 m
Ordinärfahne	Clemens[20]	1,40 m	1,45 m
Ordinärfahne	Anton	1,40 m	1,44 m

3.5.2 Nagelung

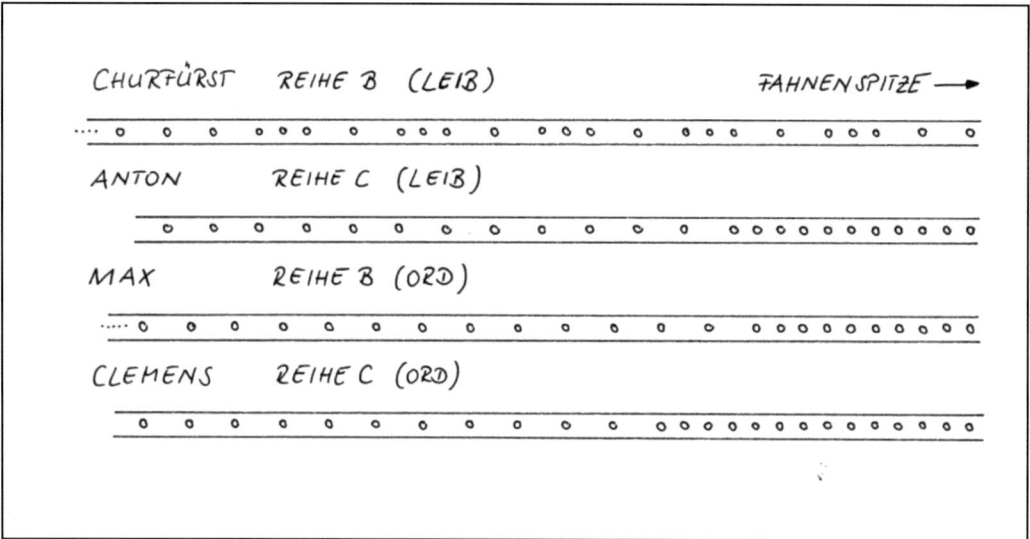

Abb. 15　　　verschiedene Muster der Nagelung

Für die Nagelung im Bereich des Fahnenblattes hat sich folgendes Muster gezeigt:

Reihe A	Vorderseite (unter der Feder)	18 Nägel
Reihe B	Innen (zum Fahnenblatt hin)	21 Nägel
Reihe C	Rückseite (unter der Feder)	19 Nägel

---

[20] Das Stützgewebe ist auf den MHM-Fotos nicht zu erkennen.

Abb. 16/17　　Ordinärfahnen Anton (u.) u. Clemens (o.) (Fotos MHM Dresden)

Reihe D   Außen (vom Fahnenblatt weg)   22 Nägel

Die Nägel sind spiralförmig ansteigend angeschlagen. Alle 4 Nagelreihen beginnen am Übergang von der Handhabe zum Fahnenblatt aber auf gleicher Höhe. Von diesem Standardmuster gab es verschiedene Abweichungen[21]. Diese sind in Abb. 15 dargestellt.

3.6 Der Platz der Fahnen in den Bataillonen

Jedes Bataillon formierte zum Schutz seiner Fahne ein so genannten Fahnen-Peleton.

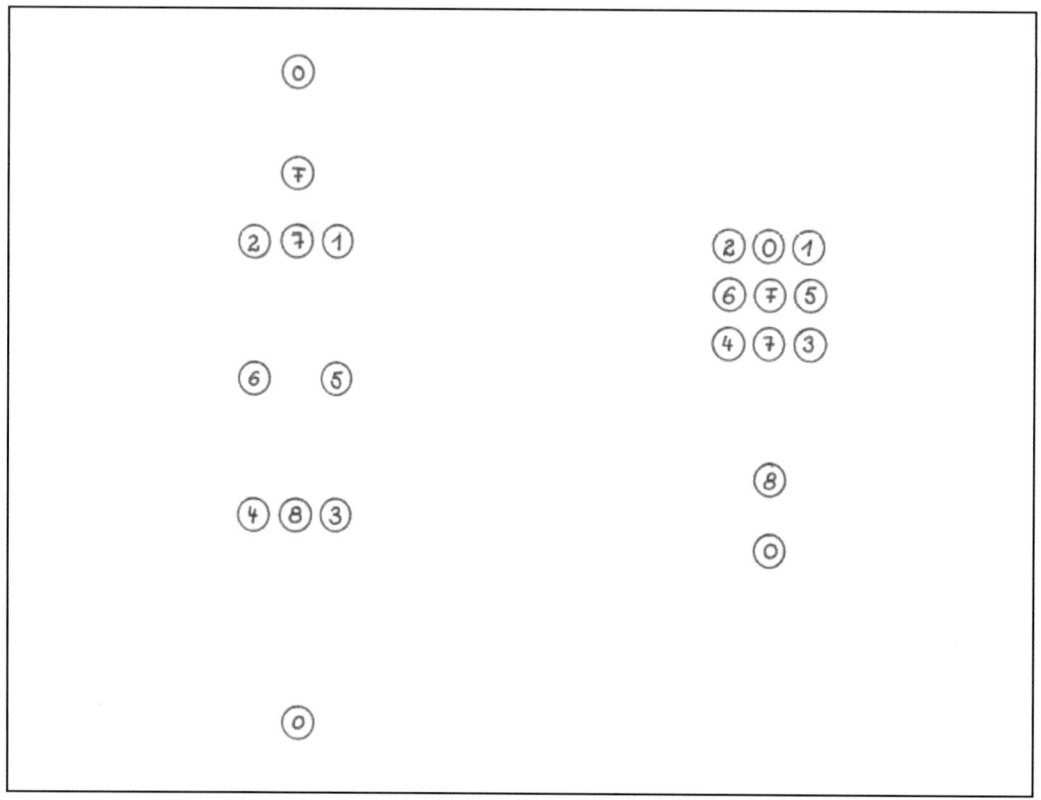

Abb. 18   Formation des Fahnenpeletons (links - en parade und rechts – zur Chargierung; O –Offiziere, F – Fahnenjunker mit Fahne, 1-8 – Unteroffiziere)

Nach dem Exerzierreglement von 1804[22] bestand dieses Fahnen-Peleton aus 2 Subaltern-Offizieren, 1 Fahnjunker und 8 Unteroffizieren. Hierzu wurden von jeder Kompanie 2 Unteroffiziere gegeben. Wenn weniger als 11 Offiziere (Kapitäns und Leutnants) beim Bataillon waren, so fiel der schließende Offizier

---

[21] Reihe B: Churfürst 26 , Max 26 statt 21 Nägel / Reihe C: Anton 23, Clemens 25 statt 19 Nägel
[22] Sechster Abschnitt – Uiber die Stellung und Formirung eines Bataillons und Regiments, §§ 8 ff. Unter Schritt sind 5/4-Ellen-Schritte (rund 71 cm) zu verstehen.

Abb. 19   Mittelteil Vorderseite (Foto Autor)

Abb. 20   Fahnenschuh (Foto Autor)

des Fahnenpeletons weg, bei weniger als 10 Offizieren auch der Offizier vom Fahnenpeleton.

Das Fahnenpeleton stand bei einem in Linie entwickelten Bataillon zwischen der 4. und 5. halben Division. Hinsichtlich der Handgriffe hatte sich das Fahnenpelton an die 5. halbe Division zu halten.

En parade stand der Offizier 5 Schritt und der Fahnjunker mit der Fahne 2 Schritt vor der Mitte des Peletons. Das Peleton formierte sich aus 3 Unteroffizieren im 1.Glied (No. 3, 7 und 1), 2 im 2.Glied (No. 6 und 5) und 3 im 3.Glied (No. 4, 8 und 3). Die 3 Glieder standen 4 Schritt auseinander. Der schließende Offizier stand 6 Schritt hinter der Mitte des Peletons.

Zur Chargierung stand der Offizier im 1.Glied zwischen zwei Unteroffizieren (No.3 und 1), der Fahnenjunker mit der Fahne im 2.Glied zwischen zwei Unteroffizieren (No.6 und 5) und im 3.Glied standen 3 Unteroffiziere (No. 4, 7 und 3). Ein Unteroffizier (No.8) stand 4 Schritt hinter No.7 in der Linie der schließenden Unteroffiziere und der schließende Offizier wieder 6 Schritt hinter der Mitte des 3.Gliedes.

Im **Marsch mit Zügen** marschierte der Offizier vor der 2.Rotte des linken Flügels (des rechten Flügels, wenn die 4. halbe Division einen schließenden Offizier hatte) von der 5. halben Division. Der schließende Offizier schloß die 8. halbe Division hinter der 2.Rotte des rechten Flügels. Der Fahnenjunker befand sich zwei Schritt vor der Mitte der 5. halben Division. Von den Unteroffizieren schlossen No. 1, 5, 3 und 7 die 4. halbe und No. 2, 6, 4 und 8 die 5. halbe Division.

3.7 Das Prozedere der Fahnenverleihung

Die Verleihung der Fahnen war an ein im Dienstreglement der Infanterie von 1753 vorgeschriebenes Prozedere[23] gebunden. Danach war das Regiment in einen Kreis oder einem Karree, welche nach innen gerichtet waren, zu versammeln. Die Fahnen wurden in den Kreis bzw. das Karree gebracht und der Auditeur verlas die entsprechenden Vorschriften.

Alle anwesenden Militärpersonen hatten den Fahneneid, welchen der Auditeur gleichfalls vorlas, nachzusprechen. Die Vereidigung auf die neue(n) Fahne(n) wurde vom Auditeur protokolliert und das Protokoll[24] von den Stabsoffizieren des Regiments gegengezeichnet. Die so Vereidigten wurden namentlich erfasst.

Alle nicht bei der Vereidigung Anwesenden (Wache, Arrest, krank etc.) wurden vom Auditeur aufgesucht und nachverpflichtet, worüber wieder entsprechende Protokolle gefertigt wurden.

---

[23] Sh. Anlage 01
[24] Sh. Anlage 04

Abb. 21　　Mittelteil Rückseite (Foto Autor)

Abb. 22/23　　Eckschilder Kurwappen (li.) und Chiffre ES (re.) (Fotos Autor)

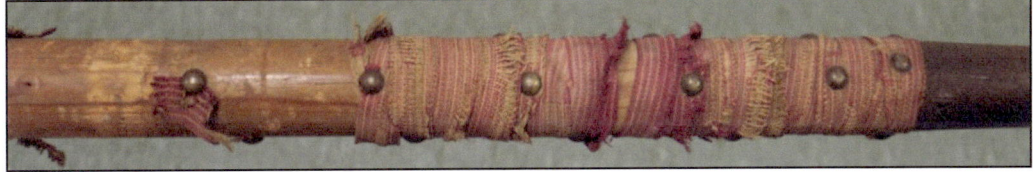

Abb. 24　　Stange und Stangenbeschlag im Bereich Handhabe (Foto Autor)

Der Regimentsauditeur des Regiments Xavier, Johann Gottfried Hennig, protokolliert am 13.09.**1802**, dass sich „… das Regiment heute früh gegen 5 Uhr zu einem Creiß versammelt hatte…". Er protokolliert weiterhin das Verlesen und Erklären der Kriegsartikel , der Ordre wegen der Desertion und der des Diebstahls an Kameraden Lit 1 Cap IV § 9 und 10 sowie strenge Ahndung von Widerspenstigkeit und Widersetzung gegen Wachten und Patrouillen[25]. Das Regiment war im Exerzierlager so komplett wie nur möglich, was nur wenige Nachverpflichtungen mit sich brachte.

Die Fahnenausgabe von **1807** traf das Regiment Low in der Friedensgarnison, so dass die Anzahl der sogleich Verpflichtbaren überschaubar war[26]. Das 1.Bataillon wurde am 28.03.1807 in Luckau durch den Regimentsauditeur Voigtländer[27] verpflichtet. „In Verfolg dieses Anbefehlnißes, wurde heute früh gegen 7 Uhr , von denen … Herrn Staabs und Oberoffiziers, Unteroffiziers und übrige Mannschaft, ein Kreis formirt und in selbigen die Fahne des 1sten Bataillons gebracht…". Die Verpflichtung des 2.Bataillons erfolgte am 08.04.1807 durch den Syndicus des Stadtrates von Jüterbogk, Johann August Nathusius, denn „…der Herr Major v.Boxberg, als der dermalige Regiments Commandant hatte verfügt daß die Verpflichtung beym 2ten Bataillon mit Zuziehung eines zu requirienden Notarii erfolgen solle…". Die letzten überkompletten und nun einrangierten Rekruten aus dem Prozedere von 1807 wurden am 21.08.1808 in Wittenberg verpflichtet.

4.   Die Fahnenverluste 1806

Im Feldzug von 1806 verloren die sächsischen Regimenter folgende Fahnen:

Regiment	Fahne	wann	wo
Churfürst	Ordinär	10.10.1806	Saalfeld
Friedrich[28]	Ordinär	14.10.1806	Jena
Clemens	Leib	10.10.1806	Saalfeld
Niesemeuschel	Leib	14.10.1806	Jena
	(Ordinär	14.10.1806	Jena?)

---

[25] Die von Hennig verfertigten Protokolle sind so geschmiert, dass man stellenweise nur erahnen kann, welche Vorschrift denn gemeint ist. Der Zwischentext ist zum Teil unlesbar.
[26] Vom 1.Bataillon waren anwesend = Stab: 1 Major, 1 Adjutant, 1 Fahnjunker, 1 Chirurg; Leibkomp.: 2 Offiziere, 8 Unteroffiziere, 5 Musiker, 26 Mann; Oberstenkomp.: 3 Offiziere, 6 Unteroffiziere, 3 Musiker, 23 Mann; Capt. Winter Komp.: 3 Offiziere, 5 Unteroffiziere, 4 Musiker, 24 Mann; Capt. Pabst v.Ohain Komp.: 2 Offiziere, 7 Unteroffiziere, 3 Musiker, 25 Mann.
[27] Das Verpflichtungsprotokoll ist in Anlage 04 wiedergegeben.
[28] Das Regiment Friedrich hätte durchaus auch noch seine Leibfahne verlieren können. Der Premierleutnant Rudolph von Bünau (Grenadierbataillon Metzsch) fand wohl zwischen Vierzehnheiligen und Krippendorf die Fahne, band sie an ein von ihm aufgesammeltes Geschütz der Grenadierbataillons v.Thilloaz und rettete beides. (Hottenroth)

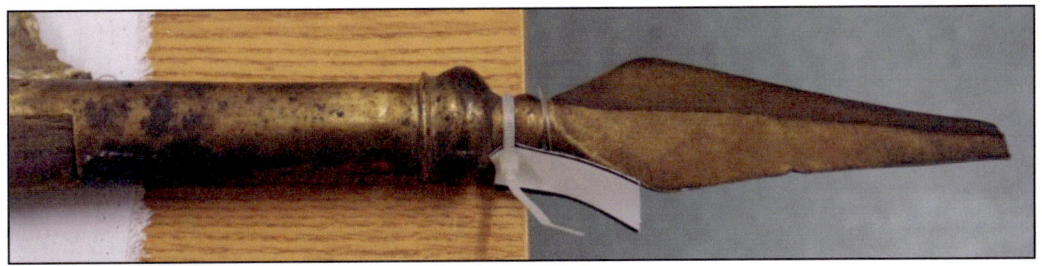

Abb. 25　　　Fahnenspitze (Foto Autor)

Abb. 26　　Orden Rückseite (Fotos Autor)　　　Abb. 27　　Schildornamente

Abb. 28　　　Bordüre (Foto Autor)

Low	Leib	14.10.1806	Jena
	Ordinär	14.10.1806	Jena
Bevilaqua	Ordinär	14.10.1806	Jena
Thümmel	Leib	14.10.1806	Jena
	Ordinär	14.10.1806	Jena

Zu den Fahnenverlusten bzw. den Vorgängen um die Fahnenverluste finden sich in den Berichten der Regimenter und Bataillone folgende Aussagen:

Regiment Churfürst

„Der Fahnenjunker v. Wolfersdorf hat seine Fahne tapfer zu erhalten gesucht, sich mit derselben gewehrt, endlich, da er verwundet und schwach geworden, sich auf dieselbe gelegt, und, nachdem er noch mehr in den Kopf gehauen, und das Bewustseyn verloren, ist erst die Fahne unter ihn weggenommen worden." (Major v.Steindel, 2.Bataillon)

„Der Fahnjunker von Wolferdorf hat seine Fahne, mit der er sich erst gewehrt und endlich auf sie gelegt, nur dann nehmen laßen müßen, bis er durch 3 gefährliche Hiebe in Kopf außer Stand gesetzt war, es zu verhindern." (Major v.Steindel, 2.Bataillon)

Regiment Friedrich

„...so wurde die anbefohlne Retraite bis an die Chaussée fortgesetzt, worauf das Bataillon in halben Divisionen abfiel und die Retraite fortsetzte. Unterdessen als wir mit dem Feinde vorwärts und der Flanque beschäftiget waren, hatte uns eine Linie französischer Chasseurs abgeschnitten, welche in unsere Reihen fielen uns von allen Seiten umringten und einhieben, worauf wir uns, aller Unterstützung von Kavallerie beraubt, zu Gefangenen ergeben mußten." (Oberstleutnant von Zychlinski, 2.Bataillon)

Regiment Clemens

Der Bericht des 1.Bataillons befindet sich nicht in den Akten.

Regiment Niesemeuschel

„Entblößt von seiner Artillerie, welche zum Theil zur Verteidigung der Hauptpassage der Schnecke, zum Theil auf dem linken Flügel des Regiments bei der Schnecke, um das Debouchée eines Defilées zu bestreichen höhern Orts war plazirt und daselbst verloren worden, entblößt von aller Cavallerie, sah das

Abb. 29　　Fahnenspitze (Seitenansicht / Foto Autor)

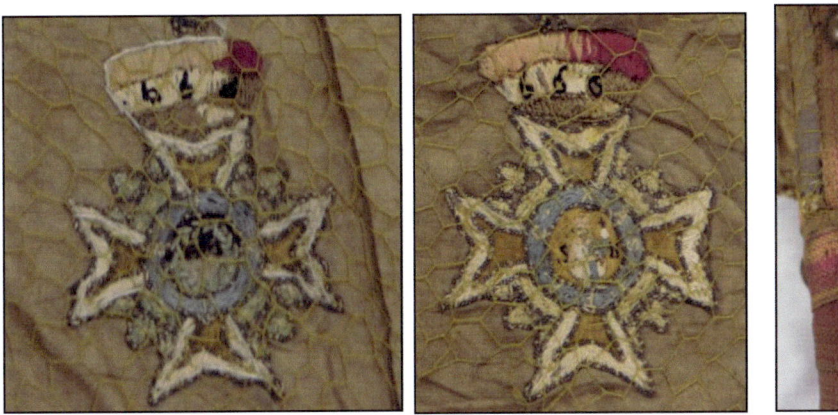

Abb. 30　　Fahnjunker mit Fahne und umgehangenem Futteral (Hess)

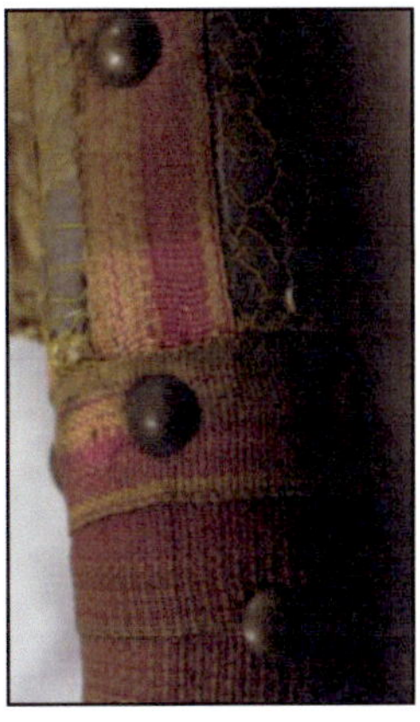

Abb. 31/32　　St.-Heinrichs-Orden (Vorder- und Rückseite)　　Abb. 32 Detail Stange

Regiment nach verschiedenen Angriffen und endlich fruchtlosen Widerstand sich genöthiget, sich gefangen zu geben..." (Oberst von Goephardt, Regiment) [29]

Regiment Low

„Mit dieser Masse, und indem ich ... den übrigen Theil des 1sten Bataillons links anschlagen ließ, war es uns noch möglich, den aufdringenden Feind zurück zu halten. Allein, da das Regiment von Niesemeuschel und mehrere bei uns befindliche Bataillons, nicht allein durch eine heftiges Kartezschen Feuer und durch einen starken Cavallerie Angriff auf das 1ste Bataillon geworfen, und jener mit dem linken Flügel gebildete Circel durch dieses Aufdringen gesprengt, und durch die mit jenen Bataillons zugleich eindringende feindliche Cavallerie theils niedergehauen, theils niedergeritten und zu Gefangenen gemacht worden; so war alle fernere Vertheidigung ganz unmöglich." (Major von Melletin, 1.Bataillon)

„Am Tage der Bataille, als am 14ten October, wurde das Bataillon gegen 3 Uhr Nachmittags durch Annäherung der französischen Colonne mit Angriff bedrohet und einige Tirailleurs schoßen gegen 500 Schritt 2 Unterofficiere von meinem Fahnen Peleton todt."

„Es wurde verschiedentlich mir zugerufen, daß dieses preußische Truppen wären, allein der Irrthum ergab sich gleich, als wir näher kamen; ich kommandirte daher: Halt! und das Bataillon wollte einschwenken, in diesem Augenblick aber stürzte diese feindliche Cavallerie auf uns und hieb ein. Zwei Chasseurs jagten auf mich zu und beim zweiten Hieb, der den Kopf traf, ward ich vom Pferd gehauen, und weis nicht weiter, was vorgefallen, weil ich mir unbewußt lange auf dem Wahlplatz liegen blieb." (Major von Boxberg, 2.Bataillon)

Regiment Bevilaqua

„...als aber bey Fortsetzung der Retraite die Bataillons im Rücken von französischen Tirailleurs fortdauernd beschoßen, von der Flanque mit Kartät-

---

[29] Hottenroth gibt an, dass 1818 die Bataillonsfahne Niesemeuschel (auf M 1807/11 adaptiert) an die Schützengesellschaft Bischofswerda ausgegeben wurde. Eine mögliche Verwechslung mit der Ordinärfahne von Rechten (gleiche Grundfarbe, gleiche Bordüre) ist auszuschließen, da diese 1817 (ebenfalls auf M 1807/11 adaptiert) an die Schützengesellschaft Siebenlehn ausgegeben wurde. Da sich bei der Ausgabe 1818 die Originalfahne M 1807/11 in Russland befand, kann das Regiment die Fahne entweder nicht verloren haben oder aber sie wurde 1814 – wie angeblich die andere frz. Fahnenbeute – weder verbrannt noch in der Seine versenkt. Hätten die Sachsen 1814 eine ihrer Fahnen aus dem Invalidendom zurück erhalten, wäre das Ereignis wohl dokumentiert und bekannt geworden. Aber hier findet sich nicht die geringste Spur. Also doch bei Jena nicht verloren?

Abb. 33 Entwurf zu den Bataillonsfahnen mit den Bordüren der Regimenter Churfürst (1), Anton (2), Max (3), Clemens (6), Sänger (9), Leib-Grenadiere (10) und Thümmel (12) (Malherbe)

Abb. 34 Entwurf zu den Bordüren der Regimenter Friedrich (4), Rechten (7), Niesemeuschel (8) und Low (10) (Malherbe)

schen bestrichen, und von feindlicher Cavallerie[30] sich eingeschloßen, welche bereits in selbige einhieb, so ward die Unordnung allgemein, und ich kann von dem weiteren Vorgang nichts sagen, da ich in diesem Augenblick, verwundet am Kopf, ohne Bewußtseyn, vom Pferde sank." (OSL von Gablenz, 2.Bataillon)

Regiment Thümmel

Der Bericht des Majors Vogel ist in Anlage 05 wiedergegeben.

5. Die Ausgabe von Ersatzfahnen in den Jahren 1807 und 1808

Die Regimenter, die im Feldzug von 1806 Fahnen verloren hatten, erhielten in den Jahren 1807 und 1808 Ersatzfahnen aus dem Hauptzeughaus.

Nach Hottenroth erhielten Fahnen aus den Beständen des Hauptzeughauses:
Low[31] und Niesemeuschel (Befehl vom 10.02.1807)
Bevilaqua (Reskript vom 25.05.1807)
Friedrich (? vom April 1808)

Leider findet sich nirgends ein Hinweis darauf, was für Fahnen ausgegeben wurden. Der zeitlichen Nähe nach sind Fahnen M 1752 und/oder M 1785 zu vermuten, wobei letztere – aufgrund der geringen Dauerhaftigkeit[32] – mit einem großen Fragezeichen zu versehen sind.

Nach Hottenroth soll z.B. das Regiment Friedrich die Bataillonsfahne M 1752 bis 1802 getragen haben, leider ohne mitzuteilen, woher diese Erkenntnis stammt.

---

[30] Die Stärke der immer wieder erwähnten feindlichen Kavallerie wurde auf 3 Regimenter Husaren und 4 Regimenter Chasseurs (Melletin) geschätzt. In Frage kommen die Brigaden Treillard (V.Korps; 9^n u. 10^n Husaren, 21^n Chasseurs), Colbert (VI.Korps; 3^n Husaren, 10^n Chasseurs) und Durosnel (7^n u. 20^n Chasseurs).
Der Brigadier Cosson de Lassuderie der 10^n Husaren wurde für die Eroberung einer Fahne (*„A pris un drapeau à l'ennemi"*) zum Unterleutnant befördert und erhielt die Ehrenlegion. Der Stabschef des V.Korps, General Victor, reklamiert die Eroberung aller 8 Fahnen für die Brigade Treillard. (dankenswerte Hinweise von Tellensohn bei www.forum.napoleon-online.de).
[31] Die Verpflichtungsprotokolle befinden sich im Bestand des HStA Dresden.
[32] Bereits 1788 mussten die 1785 an das Regiment Lindt ausgegebenen Fahnen ersetzt werden.

6. Quellen
6.1 Literatur

Dienstreglement im Lande und Felde vor Dero Infanterie-Regimenter – Dresden 1753

Exercirreglement für die Churfürstlich Sächsische Infanterie vom Jahre 1804
vom 25.01.1804

Foucart Campagne de Prusse – Paris 1887/1890

Gräfe Fahnen u. Standarten der Kgl. Sächs. Armee 1806-1918 – Dresden 2000

Hauptstaatsarchiv Dresden

Bestand 10026 Geheimes Kabinett
Loc01056/01   Campements der Armee (hier Gesang 1802[33])

Bestand 11248 sächs. Kriegsministerium
No.4443   Beschaffung und Verbleib 1752-1828

Bestand 11326 Kriegsgerichte Infanterie
No.0476   Protokoll über die Verpflichtung Low 1807
No.1328   Protokoll über die Verpflichtung Xavier 1802

Bestand 11339 Generalstab
No.250   Berichte 1806
No.257   Berichte 1806
No.258   Berichte 1806
No.259   Berichte 1806

Bestand 12884 Zeichnungen und Risse
(Malherbe) Schrank 7 Fach 90 Nr. 3   Entwürfe zu den Fahnen der Infanterie[34]

Hess   Abbildung der Chur-Sächsischen Truppen in ihren Uniformen unter der Regierung Friedrich August III. – o.O. 1805

Hottenroth   Geschichte der Sächsischen Fahnen und Standarten – Dresden 1910

Montbé   Die Chursächsischen Truppen im Feldzuge 1806 – Dresden 1860

rdklabor   www.rdklabor.de/wiki/fahne_%28militärisch%29

Schuster/Francke   Geschichte der Sächsischen Armee – Leipzig 1885

Stamm- und Rangliste der Churf. bzw. Kön. Sächsischen Armee 1804, 1806, 1807, 1808, 1809 und 1810

(Tellensohn)   www.forum.napoleon-online.de / „frz. Fahnenbeute 1806" mit Bezug auf **Niox**, G. L. « Drapeaux et trophées, catalogue du Musée de l'Armée, Paris, 1910 / **Andolenko**, S. "Drapeaux et étendards pris aux Prussiens en 1806-1807" Revue historique de l'Armée 1972, N°2, pp. 21-43

---

[33] Zum Druck befördert von einem ein und achtzigjährigen, vom Schlag gerührten Greise, Paul Rudolph Gottschling / Großenhayn, gedruckt bei Andreas Lebrecht Starke.

[34] Die Veröffentlichung der Malherbe-Bilder wurde vom Hauptstaatsarchiv Dresden freundlicher Weise unter dem Aktenzeichen 21-7512.2-2/21283 genehmigt.

6.2 Abbildungen

Autor	Abb. 02, 12, 15, 18 – 29, 31 - 32
Hess	Abb. 30
Hottenroth	Abb. 35
Hottenroth/Autor	Abb. 06 - 09
Malherbe	Abb. 33, 34
MHM Dresden	Abb. 01, 03 – 05, 10, 11, 13, 14, 16, 17
rdklabor	Abb. 36
Thoralf Titze	Abb. 37

Abb. 35   Bataillonsfahne Regiment Prinz Friedrich August M 1752 (Hottenroth / nach diesem bis 1802 (?) getragen)

7. Anlagen

Anlage 01   Auszug aus dem Dienstreglement der Infanterie von 1753[35]
IV.tes Buch VI.tes Capitul   Vom Gottesdienst und Ceremonien mit der Fahne

„ … Wenn aber ein eintzelnes Regiment neue Fahnen bekommt, verrichtet der Regiments-Auditeur die Verpflichtung; Diese geschiehet folgendermaßen:

Das Regiment rücket Compagnieweise heraus, wie beym Execiren; Die 1.te Grenadiers-Compagnie nimmt die neuen Fahnen, wie ordinaire heraus, iedoch ohne Bezeigung derer sonst gewöhnlichen Honneuers. Hierauf werden die Bataillons formiret, und, wenn solches geschehen, gehen die Fahnen-Juncker der 4 ältesten Compagnien mit denen Fahnen vor die Front in das Centrum zwischen die beyden Bataillons; Ihnen geschehen aber noch keine Honneurs. Das Regiment empfänget den Obristen, ein Bataillon nach dem andern mit Präsentirung des Gewehrs, und wenn darauf wieder geschultert, begeben sich beyde Majors ebenfalls nach dem Centro des Regiments bey dem Obristen und Obrist-Lieutenant. Der älteste Major lasset hierauf das Regiment einen Creyß formiren, in dessen Centro sich die Fahnen befinden, das Gewehr praesentiren, und der Auditeur verlieset, und expliciret die Kriegs-Articul. Hierauf commandiret der Major:

Schultert das Gewehr!

Der Auditeur, oder ein gegenwärtiger Geistlicher hält eine kurtze Rede, darinnen der Endzweck der Veneration vor die Fahnen erkläret, die Abscheulichkeit des Meineydes vorstellet, und der Höchste um Seegen, Glück und Sieg derer Königlichen Waffen angeruffen wird. Es wird hierauf das Gewehr beym Fuß, und im lincken Arm genommen, die Officiers und Unter-Officiers ziehen den rechten Hand-Schuh aus, von jedem die 2.Finger und der Daumen der rechten Hand erhoben, und von dem gantzen Regiment der Eyd, den der Auditeur vorlieset, von Wort zu Wort nachgesprochen; Die Hand-Schuh werden wieder angezogen, das Gewehr beym Fuß genommen und geschultert, darauf das Gewehr paesentiret, und, sobald solches geschehen, rücken die Fahnen in die Bataillons, und werden mit klingenden Spiel empfangen; der Creyß wird geöffnet; Das Regiment herstellt sich en Parade; Die Compagnien werden formiret, und die Fahnen durch den Major und die Grenadiers, wie es beym Exerciren beschrieben, in des Obristen Quartier gebracht."

———

Anlage 02   Lieferschein zu zwei neuen Fahnen des Regimentes Xavier 1802

Aus den Chur Fürstl. Sächs. Hauptzeughause wurden zu Folge höchsten Befehls vom 19n July a.c. an das Löbl. Regiment Prinz Xavier Infanterie verabfolgt

Zwey neue taffetene gestickte Fahnen mit

---

[35] Der Wortlaut ist im Entwurf zum Dienstreglement von 1809 nur unwesentlich verändert.

Zwey neuen Futterals

worüber dieses zum Lieferschein ertheilt wird.

Sigl. Hauptzeughaus Dresden am 11ⁿ September 1802

Moritz Friedrich Engel

Hauptmann und Ober Zeugwärter

Anlage 03   **Aufforderung des Generals von Cerrini über die baldige Verpflichtung zu den 1807 an das Regiment Low gegebenen Fahnen**

Dresden am 14.März 1807

Nachdem im verfloßenen Monat aus dem hiesigen Hauptzeughause an die Stelle der in der Schlacht bei Jena verlohrnen Fahnen, andere dem dermalen unter Kommando habenden Regimente zugefertiget worden sind; so wollen Ew. Hochwohlgeb. im Fall dieses noch nicht bereits erfolgt seyn sollte, nunmehro anzuordnen belieben daß die Herren Staabs- und Ober- und die Unteroffiziers, so wie auch die präsenten Gemeinen unverzüglich, die Beurlaubten und überkompletten Rekruten aber, wenn selbige zur Kompagnie eingezogen werden, wie nicht minder, wenn Mannschaften vom Grenadiers Depot zum Staabe kommen sollten, nach und nach zu diesen Fahnen verpflichtet werden, als über welche Verpflichtung Seiten der Regimentsgerichte ein genaues Verzeichnis und Protokoll zu führen ist.

Uibrigens ist es hierbei sämmtlichen Mannschaften bemerkbar zu machen, daß jeder Soldat aus schuldigem Gehorsam u. unerschütterlicher Treue gegen unsern allergnädigsten König und Liebe zu unserm theuren Vaterlande, aus Pflicht und unverletzbaren Ehrgefühl diesen Fahnen mit Ergebenheit und fester Anhänglichkeit zu folgen und deren Erhaltung mit der anstrengensten Tapferkeit in jeder Gefahr und mit jeder Aufopferung zu vertheidigen hat.

H. von Cerrini

An den Herrn Major v.Boxberg

Anlage 04   **Verpflichtungsprotokoll auf die neue Fahne des I.Bataillons Regiment Low vom 28.03.1807**

Registratur   Stabsquartier Luckau den 28 März 1807

Sollen auf Ordre die Herren Staabs und Oberoffiziers, auch Unteroffiziers und sämmtliche Mannschaften des Infanterie Regiments Generallieutenant von Low, zu den im vorigen Monate aus dem Hauptzeughause erhaltenen Fahnen, verpflichtet werden.

In Verfolg dieses Anbefehlnißes, wurde heute früh gegen 7 Uhr , von denen Fol. 3 bis mit Fol. 11 kor. Verzeichneten Herrn Staabs und Obroffiziers, Unteroffiziers und übrige Mannschaft, ein Kreis formirt und in selbigen die Fahne des 1sten Bataillons gebracht; sodann wurde von mir dem endesgenannten Auditeur die Königl. Sächs. Kriegs Art. für die Infanterie vorgelesen und erkläret, auch die Generalordres, die Bestrafung der Desertion und des Diebstahls unter Cameraden betreffend, ingleichen der Inhalt des 3ten Kriegsartikels und des darauf sich geänderten 9ten § Lit.1 Cap VI des Dienstreglements nebst strenger Anordnung dieser Allerhöchsten Vorschrift auf Widerspenstigkeit und Widersetzung gegen Wachten und Patrouillen eingeschärft, und hierauf nach von mir dem Regiments Auditeur gehaltener Anrede, Ermahnung und Verwahrung die von Fol.3 bis und mit Fol 11^{36} aufgeführten Herren Staabsoffiziers und Oberoffiziers nebst Unteroffiziers und sämmtlicher übrigen Mannschaft heute früh nach VII Uhr zur gedachten Fahne eidlich verpflichtet, welches pflichtmäßig anhero bemerkt, wie oben.

Johann Theophilus Voigtländer
Auditeur.

Anlage 05 **Bericht des Majors Vogel (Regiment Thümmel) über die Verluste der Fahnen in der Schlacht vom 14.10.18106**

Ew. Excellenz hohen Ordre zu Folge, wie und ob das Regiment von Thümmel die Fahnen verlohren, zeige ich folgendes ganz gehorsamst an.

Als das Regiment , welches bekanntlich am 14. Octbr. 1806 bei Jena an der Chausee aufgestellt war, von Ew. Excellenz, durch den Major von Egidy den Befehl erhielt, gegen das im Rücken liegende Dorf und Busch vor zu rücken, um die Retraite zu decken, marschirten die beiden Bataillons sogleich im Geschwindschritt in die obbemerkte Stellung auf.

Von der Höhe links näherte sich eine feindliche Batterie von 6 Piecen, von dieser wurde die auf der linken Flanke aufgeführte Sächsische Batterie und besonders das 2te Bataillon, welches ich kommandierte, einige Zeit sehr lebhaft beschossen, jedoch nur einem Mann Namens Spranger von der 3ten Division der Kopf entzwei geschossen, weil die Kugeln mehrenteils zu hoch und durch die Bajonette oder zu tief gingen.

Eben so wurden die beiden Bataillons in einer Entfernung von 800 bis 1000 Schritt von denen feindlichen Tirailleurs beschossen, die Kugeln flogen meistens zu hoch und es wurden nur wenige Mann blessiert.

Während dieser Zeit ging die feindliche Kavallerie dem Regiment in den Rücken und musste sich, von ihrem eigenen Geschütz beschossen, eiligst zurück ziehen. Hierauf brachte der Major von Funck mir den Befehl, den Rückzug nach Capellendorf anzutreten, allein in dem Augenblick war auch die feindliche

---

[36] Fol.3 bis Fol.11 enthält die Namenslisten der einzelnen Kompanien und der Grenadierreserven.

Kavallerie wieder in Rücken und Flanke und hieb ein und bei dieser Gelegenheit wurden die beiden Fahnen verloren und von den Husaren des 1sten Regiments[37] genommen.

Mit der Fahne des 2ten Bataillons stach der Korporal Claus von Oberst Lieutenants Kompagnie, welcher im Fahnen Ploton angestellt war, noch 2 Husaren vom Pferd herunter, allein es war keine Rettung in dieser traurigen Lage mehr möglich.

Döbeln den 2ⁿ December 1806   Georg Friedrich Vogel
    Major

———

Anlage 06   **Auszug aus dem Exerzierreglement für die Infanterie von 1804 Vierter Abschnitt. VI. Handgriffe mit der Fahne**

§. 37.

Der Fahnenjunker hat zum Chargiren allezeit die Fahne hoch im rechten Arme, und zur Parade im Schuhe, in welchem sie mit der linken Hand und etwas erhobenem Ellenbogen dergestalt getragen wird, daß der angelegte Daumen dem Munde gleich sey.

§. 38.

Wenn das Gewehr mit Tempos beim Fuß genommen wird; so wird die Fahne ebenfalls folgendergestalt

Aus dem Schuhe beim Fuß

gebracht:

1stes Tempo. Ergreift man die Fahne mit der rechten Hand über dem Fahnenschuhe, hebt sie ganz aus demselben heraus, stößt sie etwas von sich ab, und bringt sie gerade vor sich, die linke Hand der Schulter und die rechte dem Koppel gleich; die linke Hand senkt sich hierauf samt der Fahne tiefer hinunter bis gegen das Koppel; die rechte faßt die senkrecht herunter gebrachte Fahne über der linken Hand, dem Auge gleich, und es wird dieselbe etwas nach der rechten Seite gehalten.

2tes Tempo. Wird die linke Hand losgelassen und mit der rechten die Fahne beim Fuß gesetzt.

§. 39.

Vom Fuße auf wird die Fahne folgendergestalt

---

[37] Hottenroth gibt Ausschnitte aus dem gleichen Bericht, allerdings den grau unterlegten Teil mit. „…von den Husaren des **einen** Regiments…". Auch wenn Vogel sich geirrt haben kann (die 1.Husaren waren zur Bedeckung des kaiserlichen Hauptquartiers kommandiert gewesen), ist ein solcher Umgang mit einer Quelle fragwürdig.

Hoch in rechten Arm

genommen:

1stes Tempo. Wir die Fahne mit der rechten Hand, so wie sie solche beim Fuße gehabt, erhoben, daß der Daumen dem Munde gleich kommt; mit der linken Hand wird zugleich ungefähr eine Elle unter der rechten, mit dieser aber wieder dicht über das Beschläge gegriffen, daß die linke Hand in der Höhe der rechten Schulter, gegen welche die Fahne geruckt wird, komme; die rechte Hand wird etwas gewendet, daß die äußere Fläche derselben sich auswärts ganz zeige, der Daumen an der inneren Seite der Fahne über das Beschläge, und der Spitzfinger auswendig nach der Erde zu ausgestreckt anliege, die übrigen Finger aber die Fahne am Beschläge an der hinteren Seite umfassen.
Die Griffe müssen kurz und geschwind auf einander folgen.

2tes Tempo. Wird die Fahne an die rechte Schulternath angedrückt, daß sie senkrecht stehe; die linke Hand fällt weg.

§. 40.

Wenn die Fahne von

Hoch in rechten Arm beim Fuß

gesetzt werden soll, so geschieht es folgendergestalt:

1stes Tempo. Wird mit der rechten Hand die Fahne vorgebracht, mit der linken, der Schulter gleich, über der rechten ergriffen und hinunter geruckt; mit der rechten Hand wird in dem nehmlichen Augenblicke wieder über die linke an den Ort gegriffen, wo die Hand seyn muß, wenn die Fahne beim Fuße stehet; der rechte Daumen ist dem Munde gleich, und beide Hände sind eine Elle aus einander.

2tes Tempo. Wird die linke Hand losgelassen und mit der rechten die Fahne beim Fuß gesetzt.

§. 41.

Vom Fuße auf wird die Fahne folgendergestalt

in den Fahnenschuh

gebracht:

1stes Tempo. Wird die Fahne mit der rechten Hand, so wie solche beim Fuß gefaßt, erhoben und vor das Gesicht gebracht, daß der Daumen dem Munde gleich kommt; mit der linken Hand wird ungefähr eine Elle unter der rechten, mit dieser aber wieder dicht über das unterste Beschläge gegriffen, und die Fahne hoch vor sich gebracht; diese Griffe müssen kurz und geschwind auf einander folgen.

2tes Tempo. Wird die Fahne mit beiden Händen in den Fahnenschuh gebracht, worauf die rechte Hand schnell wegfällt.

Wird das Gewehr zum Ruhen beim Fuß genommen; so wird die Fahne auf das Kommandowort hierzu ebenfalls beim Fuß gesetzt, und die rechte Hand behält sie mit gestrecktem Arme in der Gabel liegen. Wenn geschultert wird, nimmt der Fahnenjunker die Fahne wieder auf.

§. 42.

Die Fahne

Aus dem Schuhe hoch in rechten Arm zu bringen;

Dies geschieht aufs Kommando:

Zum Chargiren!

worauf die linke Hand die Fahne aus dem Schuhe hebt und in die rechte Hand setzt; die linke Hand fällt weg.

Auf das Kommando hingegen:

En' Parade!

wird die Fahne

Von hoch in rechten Arme in den Schuh gebracht;

so, daß auf erwähntes Kommandowort, die linke Hand die Fahne, der Schulter gleich, umfaßt, und sie mit Hülfe der rechten Hand in den Schuh setzt; die rechte Hand fällt hierauf weg.

§. 43.

Das Salutiren auf der Stelle.

1stes Tempo. Wenn der Offizier mit dem Degen das erste Tempo macht, wird die Fahne mit der rechten Hand unten bei dem Fahnenschuhe ergriffen und aus demselben erhoben.

2tes Tempo. Wird der rechte Fuß zurückgesetzt, der Leib zugleich rechts gewendet, und die Fahne so gesenkt, daß die Spitze derselben und die Hände horizontal liegen.

Wenn derjenige, dem die Honneur erzeigt worden, vorbei ist, wird die Fahne, mit dem ersten Tempo des Degens der Offiziers, wieder in die Höhe genommen, auch zugleich die Front links hergestellt, beim zweiten Tempo aber wieder in den Fahnenschuh gebracht, wobei die rechte Hand wegfällt.

Wenn links salutirt wird, werden zwar die nehmlichen obigen Tempos gemacht, es wird aber bei dem zweiten der rechte Fuß nicht zurückgesetzt, der Leib auch nicht rechts gewendet, sondern die Fahne blos links gesenkt.

Nach den Grenadieroffiziers wird mit der Fahne in sechs Tempos salutirt.

1stes Tempo. Wenn der Offizier das erste Tempo macht, wird, mit Zurücksetzung des rechten Fußes hinter den linken, und rechts gewandtem Leibe, die Fahne unten bei dem Fahnenschuh ergriffen und aus demselben gehoben.

2tes Tempo. Wird bei dem zweiten Tempo der Offiziers die Fahne hoch vor sich gebracht und also gehalten, daß die linke Hand der Schulter, und die rechte dem Koppel gleich sey.

3tes Tempo. Wird, wenn die Offiziers die Flinten zur Erde senken, auch die Fahne vorwärts so gesenkt, daß die Spitze derselben und die Hände horizontal liegen.

4tes Tempo. Wenn der Offizier die Flinte wieder hoch bringt; so geschieht ein gleiches auch mit der Fahne, so wie beim zweiten Tempo.

5tes Tempo. Wenn die Grenadieroffiziers ihr 5tes Tempo machen, wird die Fahne auch wieder vor- und in den Fahnenschuh gebracht.

6tes Tempo. Fällt die Hand schnell weg, und die Front wird mit Beisetzung des rechten Fußes neben den linken wieder hergestellt.

§. 44.

Das Salutieren im Marsche aus dem Fahnenschuhe

Nach dem Degen geschehen hierbei die nehmlichen Tempos, wie auf der Stelle, und hat der Fahnenjunker mit dem Offizier einerlei zu beobachten, und auf den vor ihm marschirenden Offizier wohl Acht zu geben. Stehet derjenige, dem die Honneur geschieht, linker Hand; so wird die Fahne auf die nehmliche Art, wie auf der Stelle links gesenkt.

Nach den Grenadieroffiziers wird mit der Fahne in sechs Tempos salutirt.

1stes Tempo. Wird mit Vortretung des linken Fußes dasjenige Tempo gemacht, welches auf der Stelle vorgeschrieben ist.

2tes Tempo. Mit Vortretung des rechten Fußes, wobei die Grenadieroffiziers nichts machen, wird die Fahne gerade in die Höhe gebracht, dieselbe mit der linken Hand der Schulter, und mit der rechten dem Koppel gleich gehalten.

3tes Tempo. Mit Vortretung des linken Fußes, und rechts gewandtem Leibe, wird die Fahne also vorwärts gegen die Erde gesenkt, daß die Spitze derselben und die Hände horizontal liegen.

4tes Tempo. Mit Vortretung des Rechten Fuße und hergestelltem Leibe, wird die Fahne, wie beim zweiten Tempo, wieder hoch gebracht, und dieselbe mit der linken Hand der Schulter, und mit der rechten dem Koppel gleich gehalten.

5tes Tempo. Mit Vortretung des linken Fußes wird die Fahne wieder in den Fahnenschuh gebracht.

6tes Tempo. Mit Vortretung des rechten Fußes fällt die rechte Hand weg.

Wenn derjenige, dem die Honneur erzeigt wird, linker Hand steht; so wird dies alles gleichermaßen beobachtet; nur daß das erste Tempo mit Vorsetzung des rechten Fußes anfängt, und der Leib nicht rechts gewendet wird.

§. 45.

Wird im Marsche das Gewehr über genommen; so ergreift der Fahnenjunker die hoch im rechten Arme getragene Fahne mit der linken Hand der rechten Schulter gleich, und bringt sie mit beiden Händen auf die linke Schulter, auf welcher sie nun schräge, wie das Kurzgewehr des Unteroffiziers, getragen wird. Aufs Kommando:

Richt euch!

Greift die rechte Hand an das Beschläge, und beide Hände bringen die Fahne wieder an die rechte Schulter in die vorgeschriebene senkrechte Lage.

§. 46.

Wenn die Gewehre in Pyramiden zusammen gesetzt werden; so wird die Fahne auf zwei Tambourspiele gelegt, und eine Post mit Gewehr dabei angestellt.

———

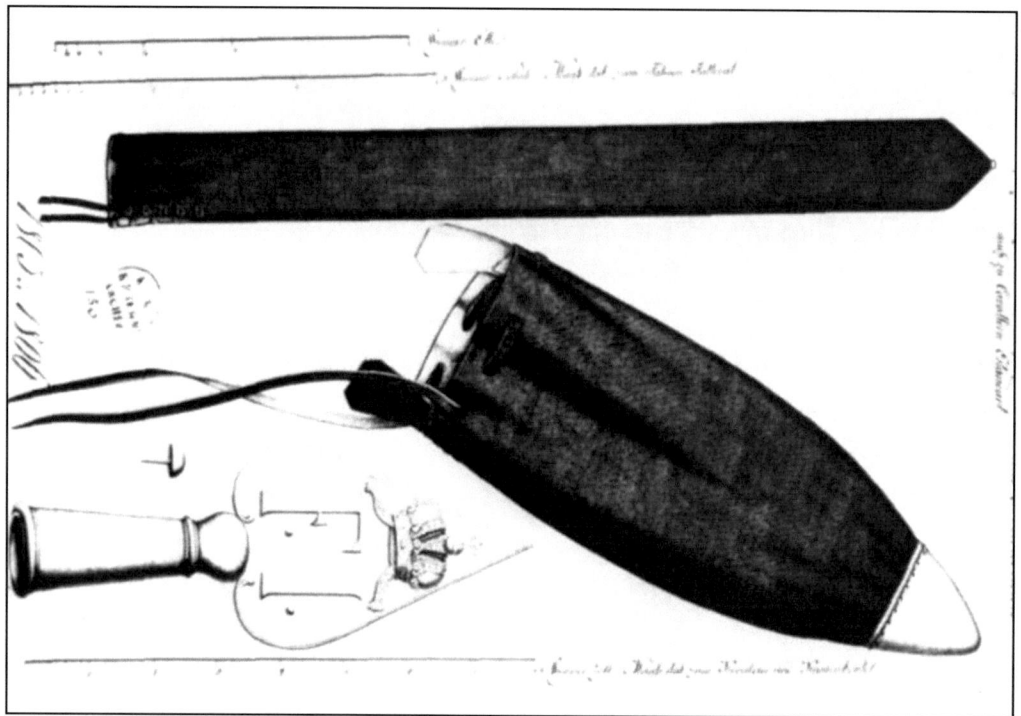

Abb. 36   Fahnenfutteral mit Beutel für Fahnenspitze Österreich 1803-1806 (rdklabor) Den dargestellten Kronenbeutel, der mit einer Messingspitze versehen über die Fahnenspitze gezogen wurde, gab es in Sachsen nicht.

Anlage 07 Gesang der Chursächsischen Armee als sie im Monat September 1802 im Lager bei Tolkewitz neue Fahnen erhielt.

Abb. 37 Noten und die 1.Strophe zum Gesang (Wiedergabe nach dem Original von Thoralf Titze)

2. So sprach der Sachsen braves Heer
Und fällte mutig das Gewehr,
Und stürmte mutig drauf,
Und stürzte in die blut'ge Schlacht,
Nichts hemmte seiner Stärke Macht,
Wer hemmt des Stromes Lauf?

3. Und wo es focht da war der Sieg,
Und wo es Mauern stürmte, schwieg
Das feindliche Geschütz;
Es brach einher mit Sturmes Eil,
Wie vom Geschoss der schnelle Pfeil,
Durch Wetternacht der Blitz.

8. Es wehen neue Fahnen nun,
Wenn siegbekränzt die alten ruhn,
Vor jedem Zug voran;
Sie zeigen, jugendlich und schön,
Uns bei der Kriegs-Musik Getön,
Die neue Sieges Bahn.

9. Der Fahnenstock ragt hoch empor,
Ein totverkündend Meteor,
Geht auf den Feind es los,
Und mitten unter Pulverdampf,
Seht ihr, wohin auch führt der Kampf,
Der Fahnen weiten Schoß.

4. Und wo des Heeres Fahne war,
Da tobte wilder die Gefahr,
Doch keiner zitterte,
Und nahm sie mit der linken Hand,
Wenn das Geschütz im Widerstand,
die rechte splitterte.

5. So wichen Sachsens Fahnen nie;
Der Kugeln Strom durchbohrte sie,
Doch keine Fahne sank!
Sie riss entzwei der Schwerter Wut,
Es färbte sie der Streiter Blut,
Doch keine Fahne sank!

6. Nun, da den Frieden Gott uns schuf,
So hängen wir bei Jubel-Ruf,
Im Saal des Kriegs sie auf;
Geschlossen sei für immerdar
Die Schreckensbahne der Gefahr,
Der Schlachten wilder Lauf.

7. Dem Frieden lasst die Fahnen weihn,
Sie mögen fort nur Zeugen sein
Der Sachsen Tapferkeit:
Denn, keine Fahne blieb zurück,
Zwar wechselt wohl des Krieges Glück,
Doch herrscht der Held im Streit.

10. So wie das Kriegsschiff durch das Meer
Geschwängert von der Winde Heer,
Der volle Segel reißt,
So reißt im ungestümen Flug,
Dahin die Fahne auch den Zug
Wo es ihm Sieg verheißt.

11. Ehrwürd'ge Fahnen, unsre Zier,
auf euch die Hände, schwören wir,
Von neuem alte Treu,
Sie sei bewährt und voll Gehalt,
In Innigkeit und Dauer alt,
An Taten immer neu.

12. Dir, Friedrich August, schwört das Heer
Du wachst und sorgest immer mehr,
Mit Dank erkennens wir,
Und nennen Dich zwar unsern Herrn,
Doch unsern Vater finden gern,
Wir Kinder auch in Dir.

13. Ja, Treue schwören wir Dir zu,
Gehorsam, Eintracht, Mannes-Ruh,
Und Kindes-Folgsamkeit.
Gern folgt der biedre Sachse dann,
Gehorchend jubelt Mann für Mann,
Wenn ihm sein Fürst gebeut.

14. Es bleibe lang der Friedens Heil,
Der Sachsen seegenvolles Teil,
Beglücke unsre Flur,
Es zeige uns das schönste Bild,
Und tilge sanft und still und mild
Der alten Fehden Spur.

15. Doch gilt es unser Vaterland,
Dann zu dem Schwert die Mannes-Hand,
Es sei der Feind uns Spott;
Dann tragt die neuen Fahnen vor,
Und ruft, des Siegs gewiß, im Chor:
Mit uns, mit uns ist Gott!

Anlage 8 — Die Adaptierung von Fahnen M 1802 auf M 1807/11

Im Hottenroth befinden sich auf den Seiten 148 und 151 folgende Einträge über die Ausgabe von Fahnen an Schützengesellschaften:

Schützengesellschaft	Bischofswerda
Fahne	II/ Niesemeuschel / Typ 1802 in Typ 1811 abgeänd.
Abgabe ans Hauptzeughaus	1811
Ausgabe / Rückgabe	16.02.1818 / 07.09.1908

Schützengesellschaft	Oederan
Fahne / Typ	I/ Oebschelwitz /Typ 1802 in Typ 1811 abgeändert
Abgabe ans Hauptzeughaus	1810
Befehl z. Ausgabe /Rückgabe	30.01.1823 / 08.11.1899

Schützengesellschaft	Siebelehn
Fahne / Typ	II/ Rechten / Typ 1802 in Typ 1811 abgeändert
Abgabe ans Hauptzeughaus	1811
Befehl z. Ausgabe /Rückgabe	29.09.1817 / 15.04.1899

Diese Einträge lassen mit hoher Wahrscheinlichkeit folgende **Annahmen** zu:

<u>Bataillonsfahne Niesemeuschel</u>

Diese Fahne ist entgegen der verbreiteten Lehre (wie u.a. auch im Hottenroth S.100 angegeben) 1806 **nicht** vom Feind genommen worden.

Die bei Gräfe auf S.60 abgebildete und im Bestand des MHM Dresden befindliche Bataillonsfahne M 1807/11 (die einerseits 1909 von Hekkel als Bestand in der Kasaner Kathedrale beschrieben und andererseits 1933 von Walter Möbius in Dresden fotografiert worden war) ist die adaptierte Fahne M 1802.

<u>Bataillonsfahne Rechten</u>

Die 1933 von Walter Möbius fotografierte Fahne M 1807/11 ist die adaptierte M 1802, da die originale M 1807/11 1812 in Russland verloren ging[38].

---

[38] Hottenroth bestätigt dies auf S.114 (wo thematisch die Fahnenausgabe von 1822 beschrieben wird!): „Aber drei Fahnen des Typs 1811 bewahrt die genannte Sammlung (= Arsenalsammlung, heute MHM Dresden; Anm. d.A.) auf. Es sind die Fahnen, die den Schützengesellschaften Bischofswerda, Oederan und Siebelehn verliehen worden waren."

In dieser Reihe sind bei BOD bisher erschienen:

No. 2 Die Berichte der sächs. Truppen aus dem Feldzug 1806 (I): Brigade Bevilaqua

No. 5 Das Artillerie-Trainbataillon 1810 – 1813

No. 6 Das Regiment Artillerie zu Fuß, die reitende Artillerie-Brigade und die Handwerker-Kompanie 1810 - 1813

No. 8 Die Geschichte der reitenden Artillerie 1810 - 1813

No.11 Allgemeine Dienstregeln für die Unterofficiers der Churfürstlich Sächsischen Infanterie vom Jahre 1802

No.13 Das sächsische Ingenieur- und Pionierkorps 1810 – 1813

No.17 Unterricht für die Scharfschützen bey der Churfürstlich sächsischen Infanterie vom Jahre 1804 (Reglement)

No.18 Reglement für die Königlich Sächsische leichte Infanterie zu den Uebungen außer der geschlossenen Ordnung vom Jahre 1810

No.19 1812 Die Sachsen in Rußland / Der Feldzug in den Tagesbefehlen des Generalstabes und der Intendanz – Ein Beitrag zur inneren Truppengeschichte

No.20 Die leichten Infanterie-Regimenter, die Regimentsschützen und das Jägerkorps 1810 - 1813

No.21 Das Tagebuch von Ernst Ferdinand Aster aus dem Jahre 1812

No.22 Das Tagebuch von Friedrich Ernst Aster aus dem Jahre 1812

No.23 1813 Die Sachsen im eigenen Land / Der Feldzug der sächsischen Truppen im VII. Armeekorps in den Befehlen und Rapporten des Generalstabes und der Intendanz – Ein Beitrag zur inneren Truppengeschichte

No.24 Instruktionen für die königlich sächsische Armee 1810 – 1813 Teil I

No.25 Instruktionen für die königlich sächsische Armee 1810 – 1813 Teil II

No.26 Friedrich Vollborn – Erlebtes (III) vom 28.03.1813 bis mit 15.03.1814

No.27 Die Linien-Regimenter und Grenadier-Bataillone 1810 - 1813

No.28 Die Fahnen der Linien-Infanterie-Regimenter 1810 – 1813

No.29 Die Linien- und leichte Infanterie 1814 – 1815 und Ergänzungen 1810 -1813

No.30 Die Landwehr-Regimenter 1813 - 1815

No.31 Instruktionen für die königlich sächsische Armee 1810 – 1815 Teil III

No.33 Die Fahnen der Linien-Infanterie-Regimenter 1802 – 1810

No.34 Friedrich Vollborn – Erlebtes (IV) vom 16.03.1814 bis mit 02.01.1816

Für weitere Informationen: www.oberst-lieutenants-compagnie.de